공 하나로 시작하는 **신나는 과학 탐험**

"PANDEMICS FOR BABIES"
팬데믹

크리스 페리·닐 골드스타인·조앤나 수더 지음

정회성 옮김

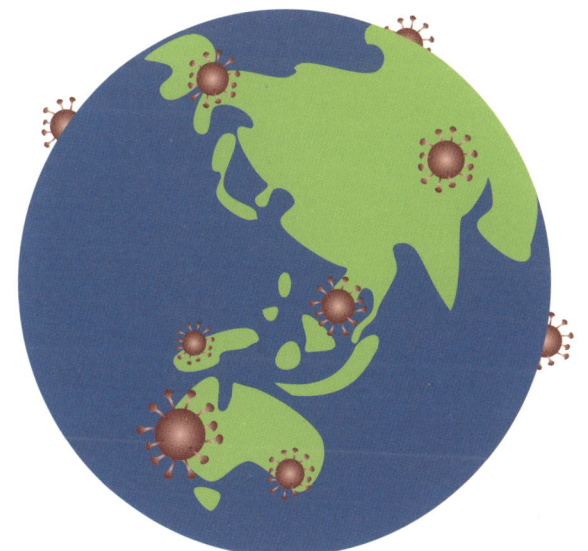

여기 공이 있어요.

다양한 공이 있는 것처럼
세상에는 서로 다른 수많은 사람이 있어요.

사람들은 대부분 건강해요.
하지만 이따금 병에 걸려요.

한 지역에 사는 사람들이 계속 병에 걸리면,
그 병을 **풍토병**이라고 해요.

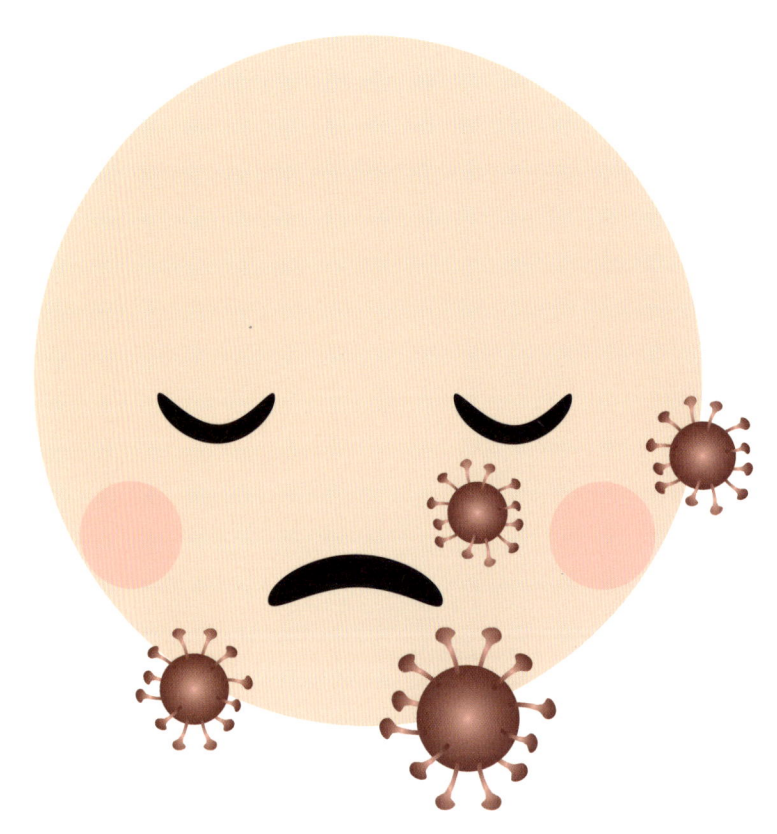

이 사람은 새로운 병을 앓고 있어요.

가까운 사람에게서 병이 옮았어요.
이것을 **전염**이라고 해요.

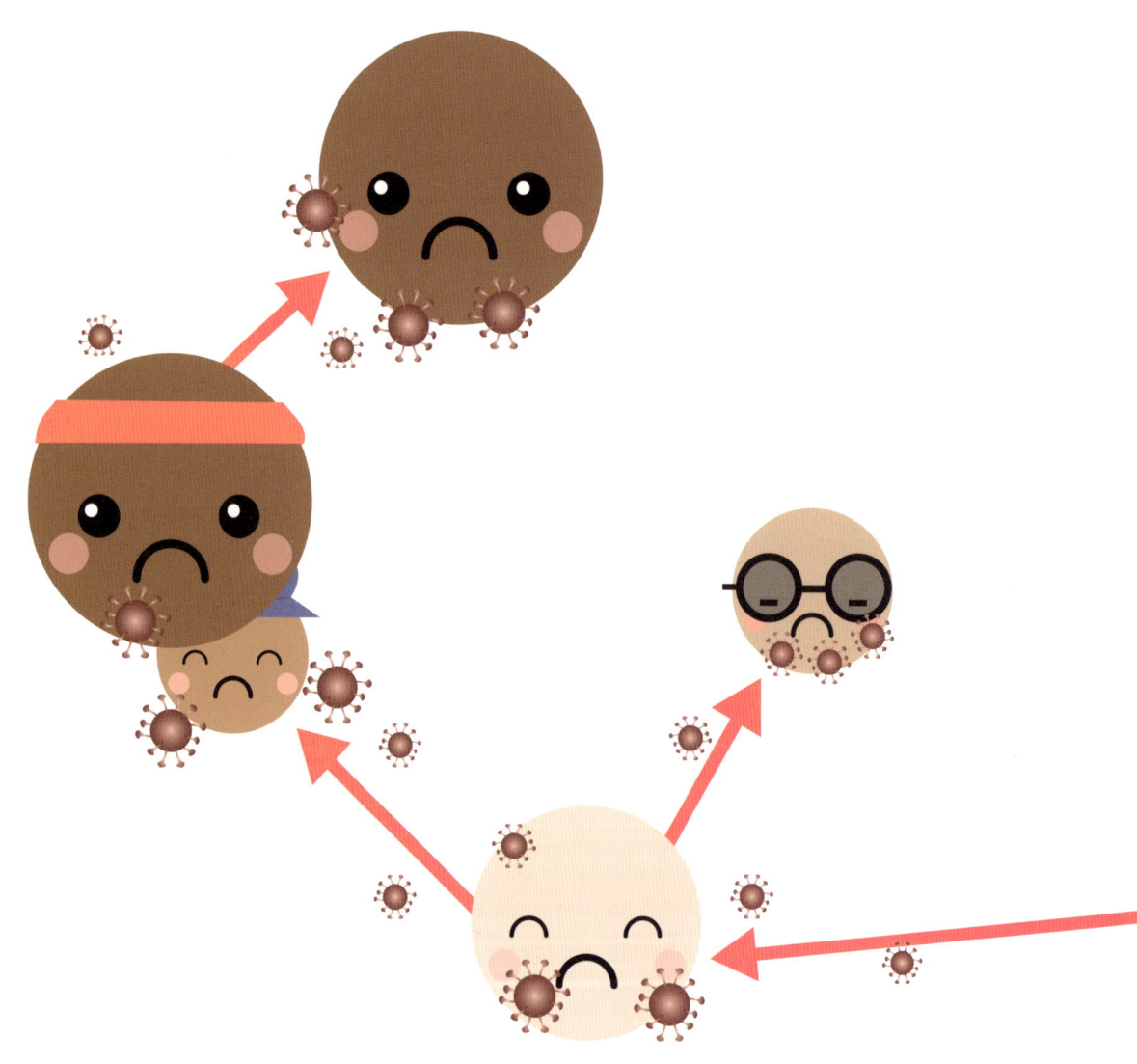

사람들이 만나면서 병이 계속 옮아 가요.
이것을 **지역 감염**이라고 해요.

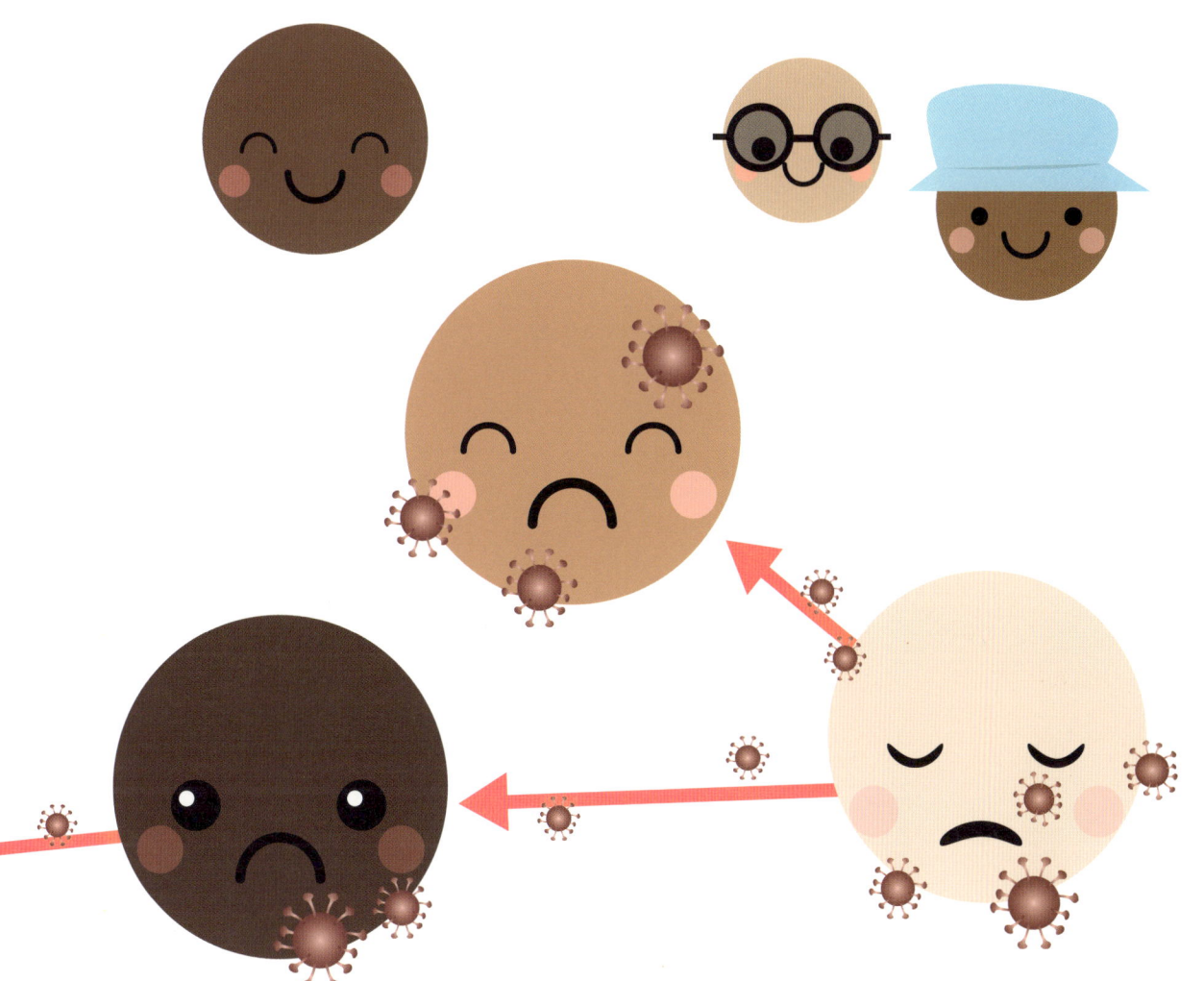

아픈 사람의 수가 빠르게 늘어나요.
이것을 감염병이 **유행**한다고 말해요.

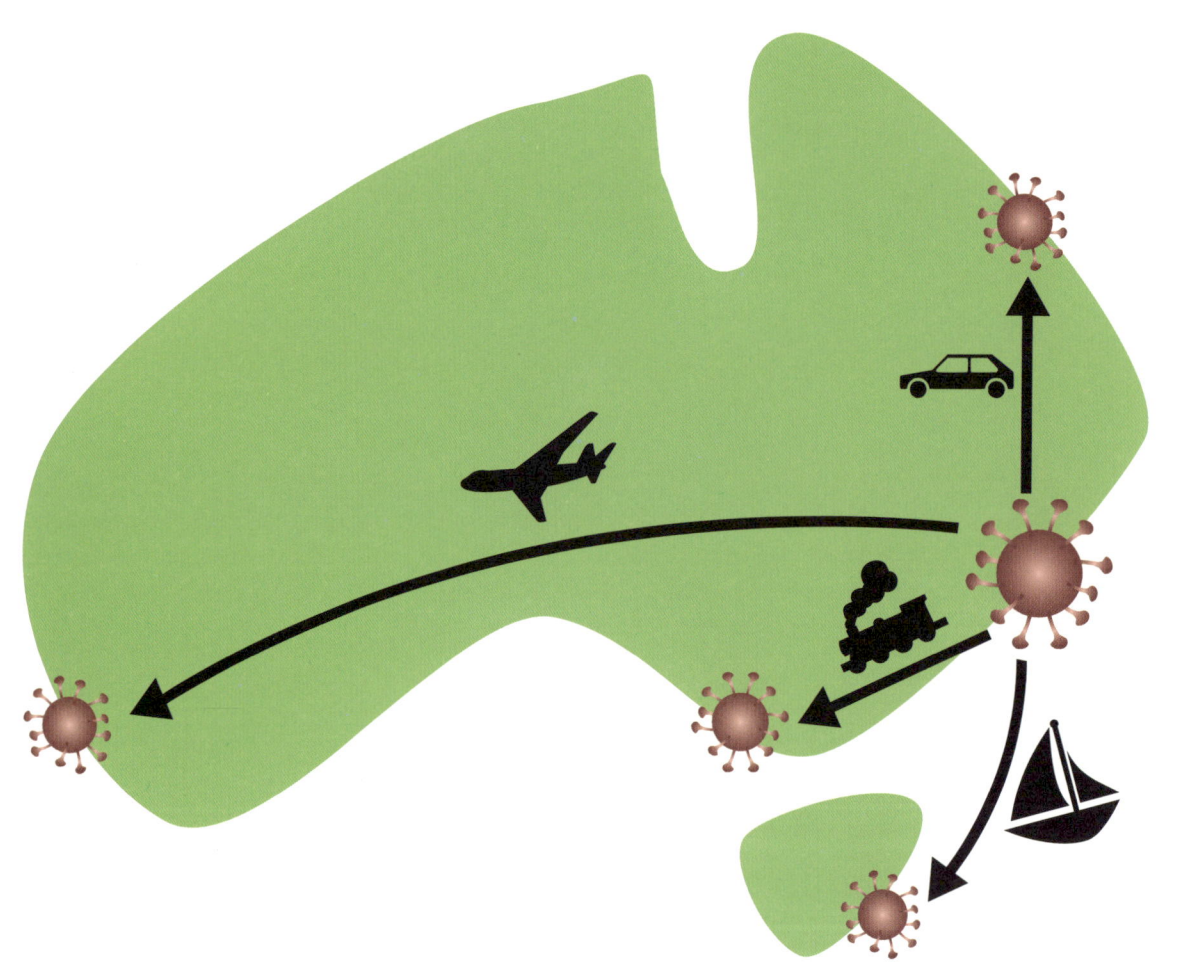

감염병은 사람들이 비행기, 기차, 자동차, 배를 타고 여행하면서 더 널리 퍼져요.

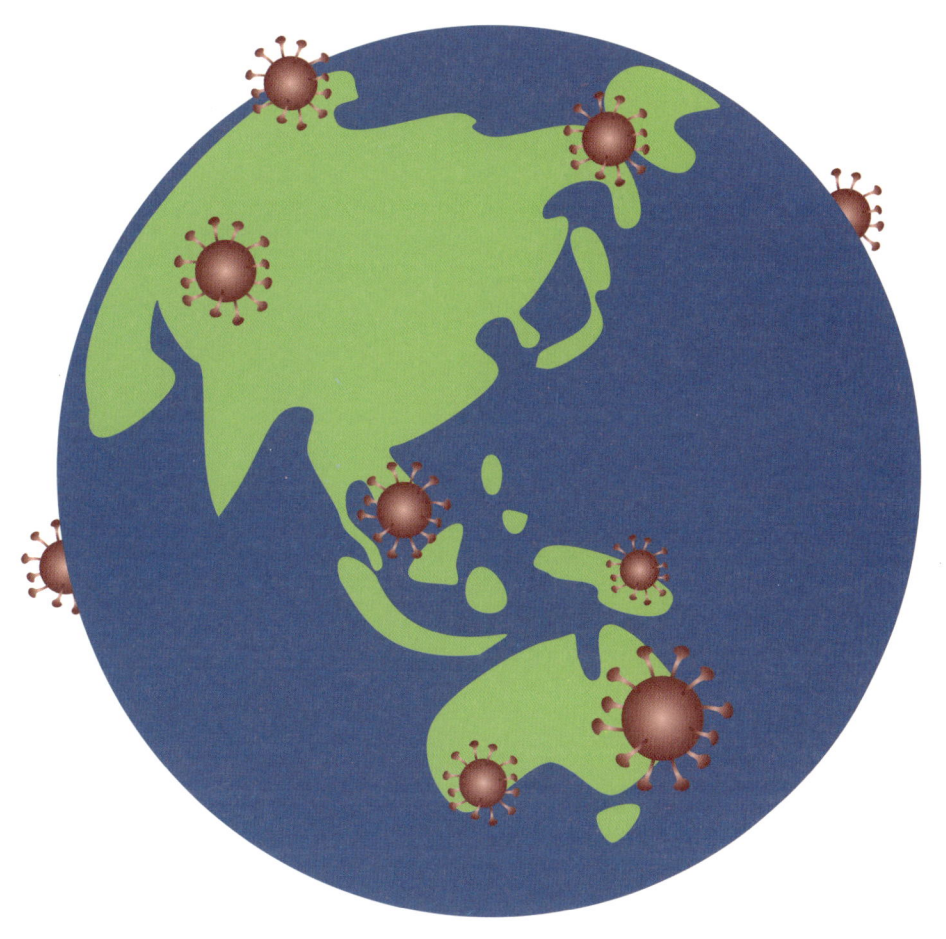

이제 감염병이 세계 곳곳에 퍼져 있어요.
이렇게 감염병이 온 세계에 퍼진 것을
팬데믹이라고 해요.

어떻게 해야 할까요?
의료진이 나서요!

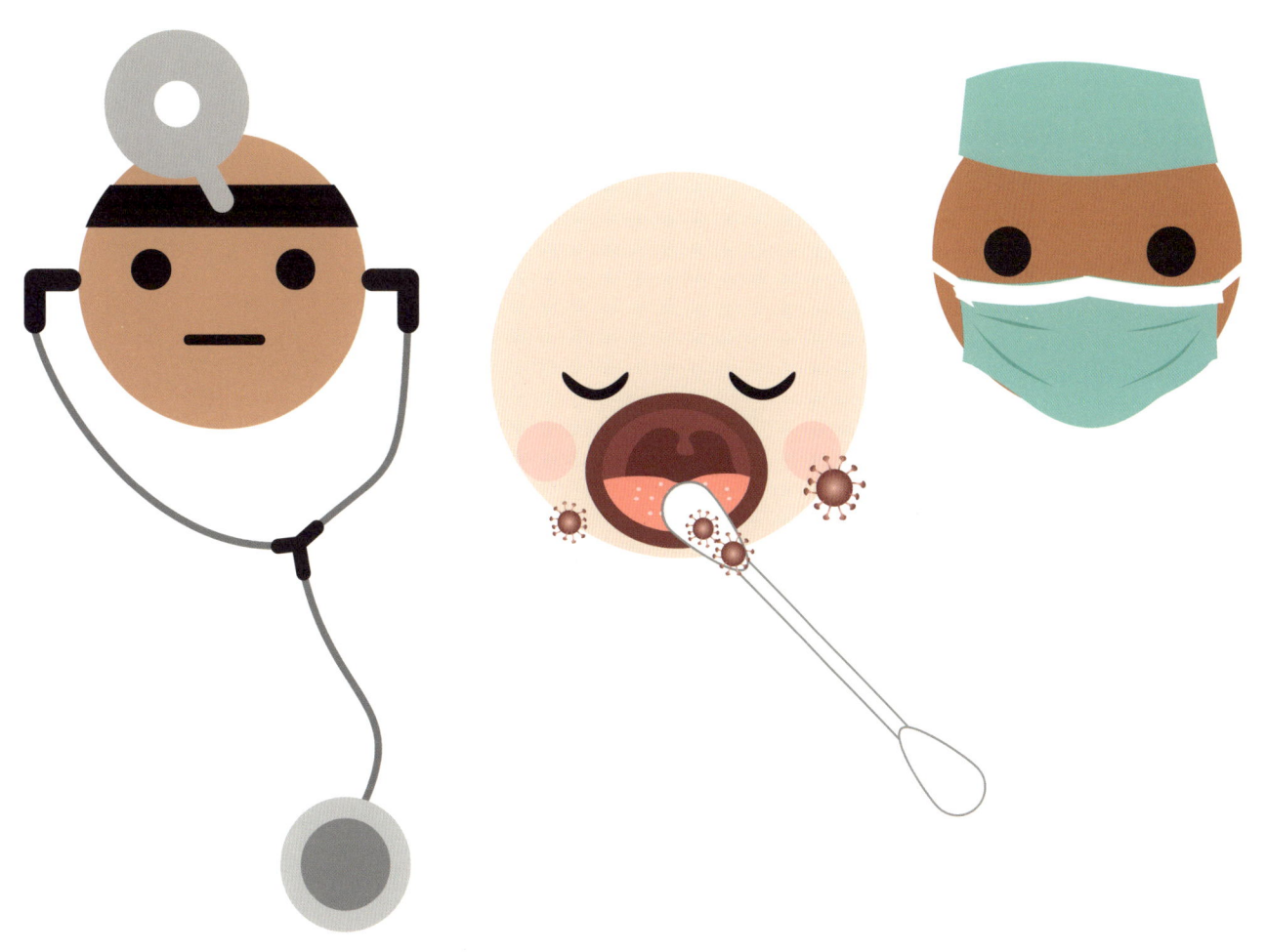

먼저 의사와 간호사가 누가 아픈지 조사해요.
이것을 **검사**라고 해요.

유행병 연구자들은 얼마나 많은 사람이 감염되었는지 조사해요. 이것을 **감시**라고 해요.

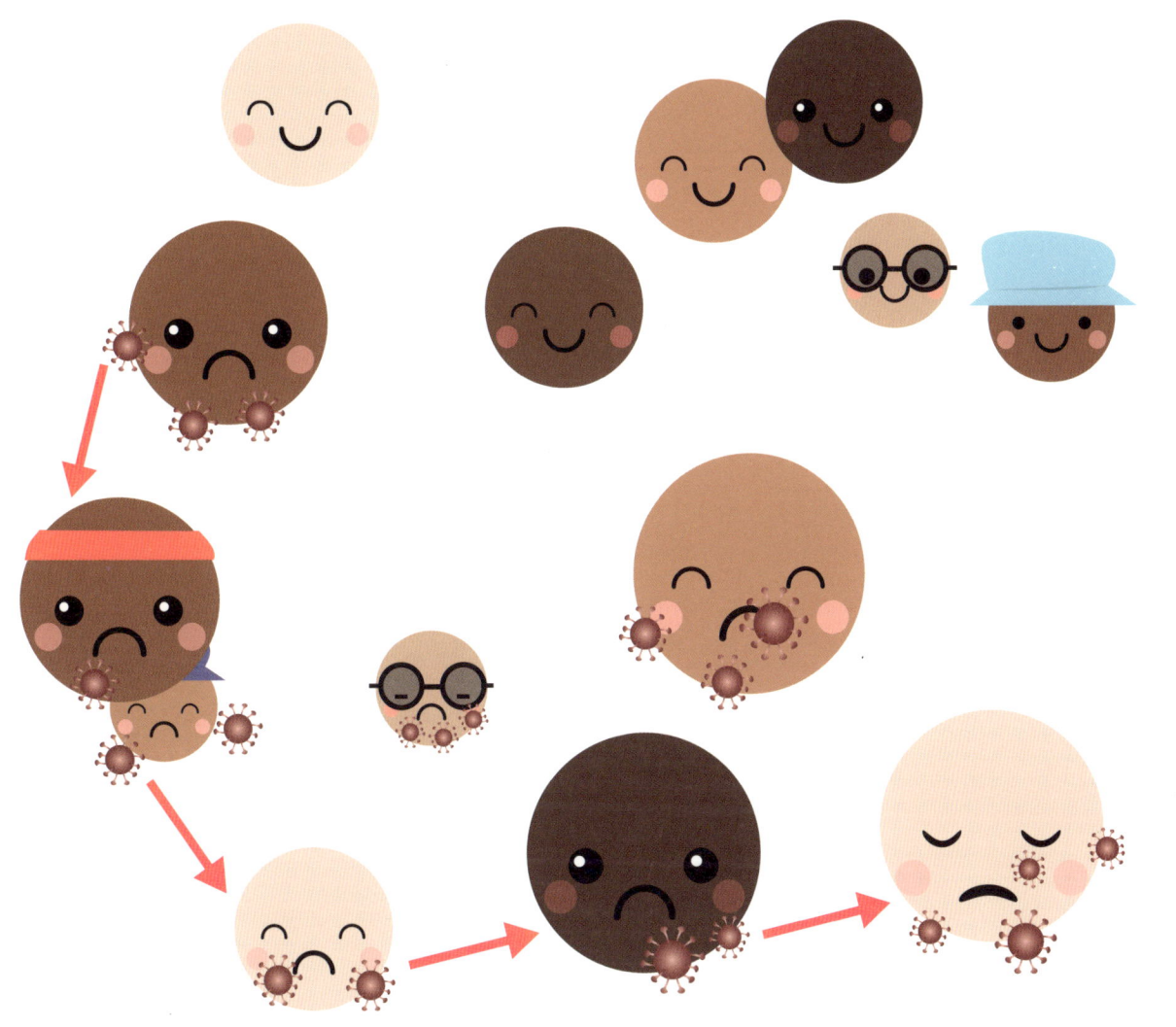

연구자들은 감염자가 어떤 사람들을 만났는지 조사해요.
이것을 **접촉자 추적**이라고 해요.

감염자는 건강한 사람과 떨어져 지내야 해요.
이것을 **격리**라고 해요.

감염자를 만난 사람은 건강하더라도 다른 사람과 떨어져 지내야 해요. 이것도 **격리**라고 해요.

의료 연구원들은 백신과 치료제를 개발하기 위해 온 힘을 다해 연구해요.

그런데 백신과 치료제를 개발하는 데는 시간이 필요해요.
그동안 우리는 어떻게 해야 할까요?

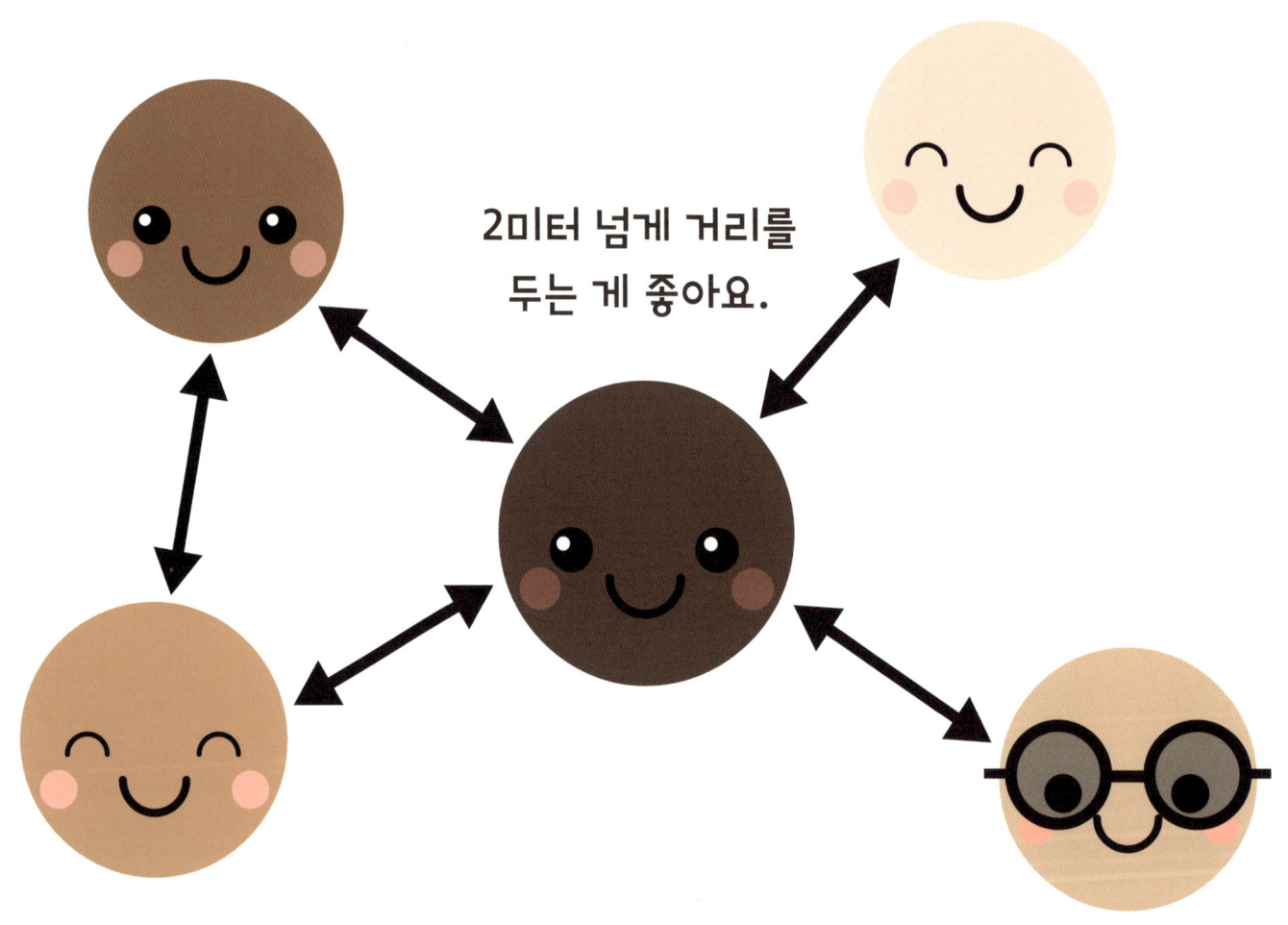

다른 사람과 최대한 만나지 않도록 해야 해요.
이를 **사회적 거리 두기**라고 해요.

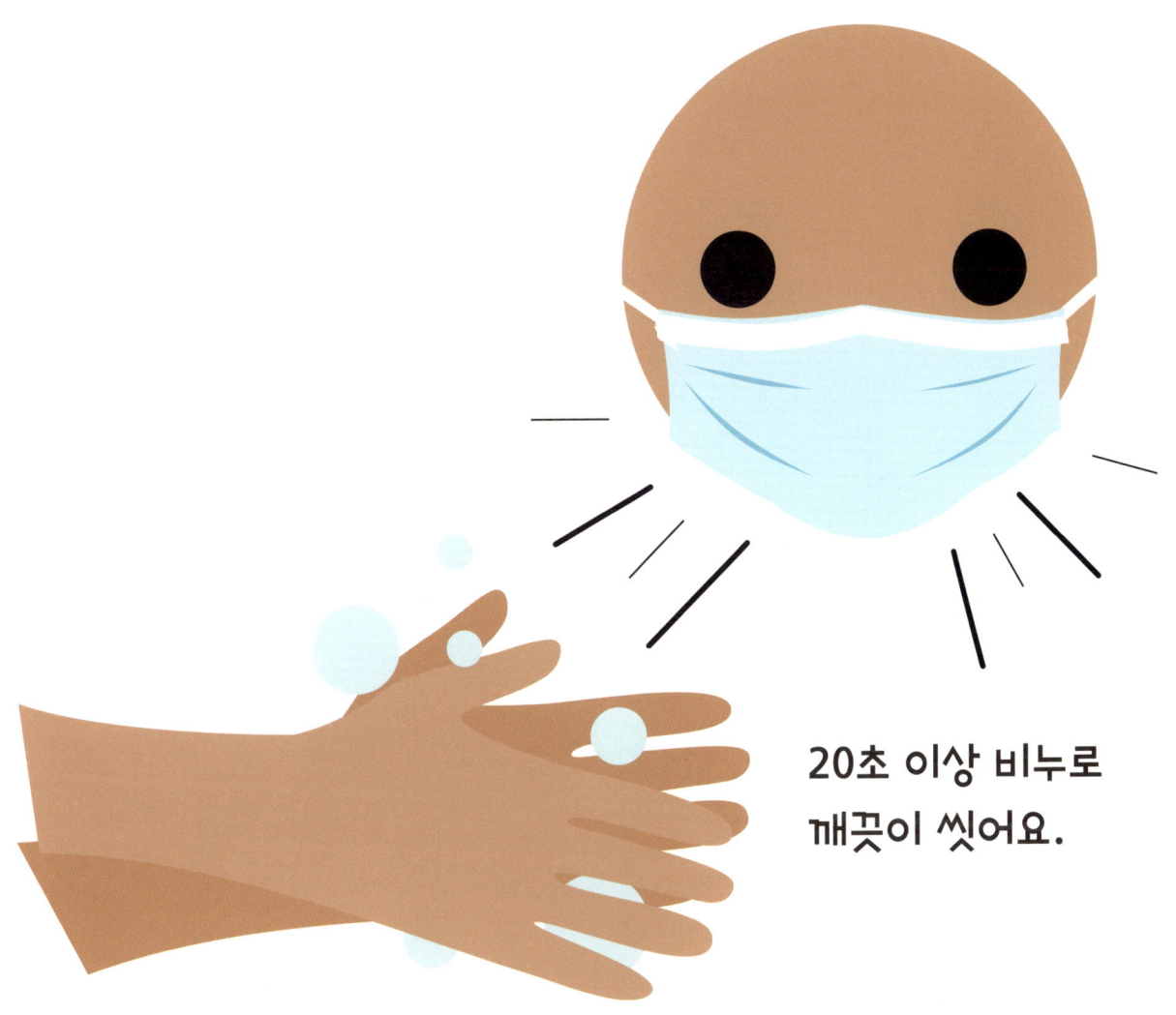

20초 이상 비누로 깨끗이 씻어요.

손을 깨끗이 씻고 마스크를 써야 해요.
이렇게 하면 감염병이 퍼지는 것을 늦출 수 있어요.

감염자: 1
치료된 사람: 7
건강한 사람: 6

모든 사람이 감염병을 몰아내기 위해 애쓰다 보면, 감염자 수가 점점 줄어들 거예요.

이제 다시 세어 볼까요?
감염자 수가 눈에 띄게 줄었어요!

감염병에 맞서 어떻게 준비하고 행동해야 하는지 알면,
많은 사람의 생명을 구할 수 있어요.

여러분은 이제

팬데믹이 무엇인지

알았어요!

팬데믹

초판 1쇄 발행 2023년 9월 25일

지은이 크리스 페리·닐 골드스타인·조앤나 수더 지음   옮긴이 정회성
펴낸이 김현태   펴낸곳 책세상어린이   등록 2021년 1월 22일 제2021-000032호
주소 서울시 마포구 잔다리로 62-1, 3층(04031)   전화 02-704-1251   팩스 02-719-1258
이메일 editor@chaeksesang.com   광고·제휴 문의 creator@chaeksesang.com
홈페이지 chaeksesang.com   페이스북 /chaeksesang   트위터 @chaeksesang
인스타그램 @chaeksesang   네이버포스트 bkworldpub

ISBN 979-11-5931-988-4 74080
ISBN 979-11-5931-969-3 (세트)

잘못되거나 파손된 책은 구입하신 서점에서 교환해 드립니다.
책값은 뒤표지에 있습니다.
책세상어린이는 도서출판 책세상의 아동·청소년 브랜드입니다.
전 연령의 어린이에게 적합한 도서입니다. Printed in Korea

All rights reserved
including the right of reproduction in whole or in part in any form.
This edition published by arrangement with Sourcebooks, LLC.
This Korean translation published by arrangement with
Chris Ferrie in care of Sourcebooks, LLC through Alex Lee Agency ALA.

이 책의 한국어판 저작권은 알렉스리에이전시 ALA를 통해 Sourcebooks, LLC사와 독점 계약한 책세상에 있습니다.
저작권법에 의해 한국 내에서 보호를 받는 저작물이므로 무단 전재와 복제를 금합니다.

지은이 크리스 페리

물리학자이자 수학자예요. 캐나다 워털루대학교에서
응용수학 석사 학위를 받은 뒤 양자역학 확률론과 응용수학 박사 학위를 받았어요.
지금은 오스트레일리아 시드니공과대학교 양자 소프트웨어 및 정보 센터 교수로 있어요.
어린이 과학자 네 명의 아버지로, 과학 이론을 가르치는 것은 빠를수록 좋다고 믿고 있답니다.

지은이 닐 골드스타인

감염병 학자예요. 미국 오리건보건과학대학교에서 의학을 공부하고
드렉셀대학교에서 감염병학 박사 학위를 받았어요.
지금은 드렉셀대학교 공중 보건 학교에서 역학을 가르치며, 감염병을 이해하고 예방하기 위해
정보망 구축과 전자 건강 기록, 질병 감시 시스템에 관해서 연구하고 있어요.

지은이 조앤나 수더

공중 보건 변호사예요. 미국 세인트메리스대학교에서 역사를 공부하고,
드렉셀대학교에서 법학 박사 학위를 받았어요.
지금은 변호사 일을 하면서 델라웨어주 법무부 민사 부문 법무 차관으로 활동하고 있어요.

옮긴이 정회성

도쿄대학교 대학원에서 비교문학을 공부하고 성균관대학교와 명지대학교에서 번역 이론을 강의했어요.
지금은 인하대학교 영어영문학과 초빙교수로 재직하면서 번역가로 활동하고 있어요.
《피그맨》으로 2012년 IBBY(국제아동청소년도서협의회) 어너리스트(Hornor List) 번역 상을 받았어요.
옮긴 책으로《위대한 개츠비》,《인간 실격》,《동물 농장》,《월든》,《이게 모두 사실이라고?》 등이 있고,
쓴 책으로《혼자서도 술술 영어 일기 쓰기》,《책 읽어 주는 로봇》,《내 친구 이크발》 등이 있어요.

'키즈 유니버시티 시리즈' 사용 설명서

동화책을 읽어 줄 때처럼, 이 책도 열정을 가지고 읽어 주세요. 엄마나 아빠, 선생님 같은 어른들이 관심을 가진다면, 아이들도 그만큼 책에 주의를 기울일 거예요. 아이들이 이해할 수 있도록 도와주면서 호기심을 자극하세요. 과학이 중요하다는 사실을 알려 주세요.

아이들은 때때로 그림에만 흥미를 느끼고, 내용을 이해하지 못해 답답해하며 질문을 쏟아 낼지도 모릅니다. 그러면 가장 먼저 아이를 칭찬해 주세요. 또 함께 풀어 보자고 의욕을 북돋워 주세요. 생각과 질문이 얼마나 중요한 것인지도 얘기도 주시고요. 정답을 알지 못해도 괜찮다고 다독이며, 때로는 답을 찾아가는 과정이 더 재미있다는 것도 알려 주세요. 아이가 던지는 질문에 대한 가장 좋은 대답은 바로 "네 생각은 어떠니?"라고 되묻는 것입니다.

자신의 생각을 잘 표현하는 아이로 성장하려면, 학습이 하나의 과정이라는 사실을 꼭 이해해야 합니다. 성공은 단순히 정답을 맞히는 것 이상의 의미를 갖습니다. 성공이란 질문을 던질 수 있는 용기, 답을 찾아내려는 끈기, 틀렸을 때 다시 일어설 수 있는 회복력을 갖추는 것을 의미합니다. 틀려도 괜찮습니다. 모든 실패는 성공을 향한 걸음이니까요. 이 걸음에서 어른들의 역할은 아이에게 과학을 가르치고 사실을 알리는 것에 그치지 않고, 평생 배움을 이어 나가는 데 필요한 기술과 마음가짐을 깨우치게 하는 것입니다.

크리스 페리